घर की राजनीति

चौखट के भीतर की जंग

लेखिका: निशा सांखला

Jo Jiya, Wahi Likha – Ek Sachi Yatra

प्रथम संस्करण: 2026

समर्पण

यह पुस्तक उन सभी लोगों को समर्पित है
जो घर के भीतर चुपचाप संघर्ष करते हैं।
उन महिलाओं को,
जो हर दिन मुस्कान ओढ़कर भी
अंदर ही अंदर टूटती रहती हैं—
फिर भी अपने बच्चों और अपने सम्मान के लिए
खड़ी रहती हैं।
और उन बच्चों को,
जिनका बचपन घर की खींचतान, तानों और
पक्षपात के बीच
धीरे-धीरे खो जाता है।

विषय-सूची

अध्याय 1

घर कब घर नहीं रहता

घर... एक शब्द है, लेकिन इसके अंदर पूरा संसार बसता है।
घर का मतलब होता है—सुकून, अपनापन, सुरक्षा, और "यहाँ मैं हूँ" वाली भावना।
लेकिन कई बार वही घर धीरे-धीरे ऐसा बन जाता है जहाँ इंसान रहते हुए भी अकेला हो जाता है।
जहाँ आवाज़ें होती हैं, लेकिन समझ नहीं होती।
जहाँ लोग साथ रहते हैं, मगर दिल अलग-अलग कमरों में बंद रहते हैं।
घर कब घर नहीं रहता—यह कोई एक दिन में नहीं होता।
यह धीरे-धीरे होता है।
बिल्कुल उस दीवार में आती दरार की तरह, जो पहले बाल जितनी पतली होती है, फिर महीनों-सालों में इतनी बढ़ती है कि पूरा घर दो हिस्सों में बँट जाता है।

घर की राजनीति अक्सर बड़े झगड़े से शुरू नहीं होती।
वो छोटी-छोटी बातों से जन्म लेती है—
"तुम तो हमेशा..."
"ये तो ऐसे ही..."
"इसके मायके वाले..."
"मेरे बेटे/बेटी को तुमने..."
"देखो, इसे कितना सिर पर चढ़ा रखा है..."
कई घरों में सबसे पहली चिंगारी "तुलना" से उठती है।
तुलना—जो रिश्तों को धीरे-धीरे ज़हर बना देती है।
किसी की बहू "अच्छी" कहलाती है, किसी की "कम"।
किसी की बेटी "समझदार" कहलाती है, किसी की "जिद्दी"।
किसी का बेटा "हीरो" बन जाता है, और किसी का बेटा "नाकारा" कहलाता है।
और फिर इंसान अपने होने की कीमत साबित करने में लग जाता है।
रिश्ता निभाने में नहीं।
जब किसी घर में एक व्यक्ति की बात हमेशा सही मानी जाने लगे,
और दूसरे की बात सुनने से पहले ही गलत मान ली जाए—

तो समझ लो, घर की दीवारें खामोशी में भी लड़ाई सुनने लगी हैं।

घर की राजनीति का एक सबसे बड़ा नियम होता है:

"सच से ज़्यादा असर 'कहानी' का होता है।"

कई बार जो हुआ ही नहीं, वो भी घर में सच बन जाता है।

बस किसी ने उसे बार-बार दोहरा दिया, सही समय पर बोला, और सही इंसान के कान में डाल दिया।

फिर धीरे-धीरे घर में फैसले सबूत से नहीं, "सुनी-सुनाई बातों" से होने लगते हैं।

और यही वो जगह है जहाँ घर घर नहीं रहता।

क्योंकि घर में सुरक्षा का भाव टूट जाता है।

इंसान सोचने लगता है—

"मैं जो बोलूँगा, उसका अर्थ बदल दिया जाएगा।"

"मैं कुछ समझाऊँगा, तो मुझे उल्टा दोष मिल जाएगा।"

"मैं चुप रहूँगा, तो भी मैं गलत ठहरूँगा।"

इसका असर सबसे पहले मन पर पड़ता है।

घर में रहते हुए भी आदमी सतर्क रहने लगता है—

किससे क्या कहना है, क्या नहीं कहना है, कौन-सी बात किसके पास जाकर कैसे घूम कर लौटेगी...

जैसे घर नहीं, कोई अदालत हो।
कई बार राजनीति का दूसरा कारण “कंट्रोल” होता है।
कुछ लोगों को रिश्ते चाहिए—लेकिन बराबरी वाले नहीं।
उन्हें ऐसे रिश्ते चाहिए जिन पर उनका आदेश चले।
जिस घर में हर निर्णय एक ही व्यक्ति की मर्ज़ी से होता हो,
वहाँ प्यार नहीं, डर राज करता है।
और डर का सबसे बड़ा नुकसान यह है कि वह इंसान की आवाज़ छीन लेता है।
घर में रहने वाला व्यक्ति धीरे-धीरे खुद पर शक करने लगता है—
“शायद मैं ही गलत हूँ।”
“शायद मुझमें ही कमी है।”
“शायद मुझे ही बदलना पड़ेगा।”
यहीं से मन थकता है।
और मन जब थकता है, तब घर की दीवारें भारी लगने लगती हैं।
हँसी नकली लगने लगती है।
त्योहार बोझ लगने लगते हैं।
साथ बैठकर खाना भी बस रस्म रह जाता है।
घर की राजनीति की सबसे खतरनाक बात यह होती है कि यह “सामान्य” बना दी जाती है।

लोग कह देते हैं—
"हर घर में ऐसा होता है।"
"समझौता करना पड़ता है।"
"घर चलाना है तो सहना पड़ता है।"
पर सच यह है—
समझौता और अपमान में फर्क होता है।
सहनशीलता और मानसिक हिंसा में फर्क होता है।
रिश्ता निभाना और खुद को मिटा देना—एक बात नहीं है।
घर तब रणभूमि बनता है जब:
एक तरफ इंसान अपने "सम्मान" के लिए लड़ रहा होता है,
और दूसरी तरफ सामने वाले को सिर्फ "जीत" चाहिए होती है।
समाधान नहीं।
और जब घर में समाधान की जगह "जीत-हार" बैठ जाए,
तो घर में रहने वाले लोग एक-दूसरे के अपने नहीं रहते...
बस "पक्ष" बन जाते हैं।
कभी-कभी सबसे दुखद बात यह होती है कि घर में सबसे शांत व्यक्ति को ही सबसे ज़्यादा चोट मिलती है।
क्योंकि वह लड़ता नहीं, बस सहता रहता है।

वह रिश्तों की लाज रखता है,
और दूसरे उसी लाज को उसकी कमजोरी समझ लेते हैं।
लेकिन एक बात याद रखो—
शांत होना कमजोरी नहीं है।
पर हर बार चुप रहना भी समाधान नहीं होता।
घर कब घर नहीं रहता—
जब इंसान घर में भी खुद को सुरक्षित नहीं महसूस करता।
जब उसे लगता है कि उसकी बात की कोई कीमत नहीं।
जब उसे हर दिन अपने होने का सबूत देना पड़े।
जब वह अपने ही घर में "मेहमान" जैसा हो जाए।
इस अध्याय का सबसे जरूरी सच यही है:
घर को घर बनाए रखने के लिए
रोटी-कपड़ा-छत काफी नहीं होती।
घर को घर बनाता है—सम्मान, सुनवाई, और भावनात्मक सुरक्षा।
और जहाँ ये तीनों चीजें टूट जाएँ,
वहाँ घर बस एक जगह रह जाता है—
घर नहीं।
(अध्याय 1 समाप्त)

अध्याय 2

चौखट के कान

घर की चौखट सिर्फ लकड़ी या पत्थर की नहीं होती।
उसकी भी आँखें होती हैं, उसके भी कान होते हैं।
वह सब सुनती है—धीरे बोले गए शब्द, दबे हुए ताने, आधी-अधूरी बातें, और वो सिसकियाँ भी... जो अक्सर कमरे के भीतर ही रह जाती हैं।
कहते हैं दीवारों के भी कान होते हैं।
लेकिन सच यह है कि घर की राजनीति में दीवारें नहीं, लोग कान बन जाते हैं।
कोई सीधे सुनता है, कोई अंदाज़ा लगाता है, और कोई सुनी हुई बात में अपना मसाला मिलाकर आगे बढ़ा देता है।

अक्सर घर की राजनीति खुली लड़ाई से नहीं,
बल्कि "धीमी बातचीत" से शुरू होती है।
"मैं तो कुछ नहीं कह रही..."
"मुझे तो अच्छा नहीं लगा..."
"तुम समझदार हो, इसलिए बता रही हूँ..."
"मुझे तो बस तुम्हारी चिंता है..."
ये वाक्य सुनने में सामान्य लगते हैं।
लेकिन कई बार इनके पीछे छिपा होता है—
शक का बीज।
और शक का बीज अगर एक बार मन में पड़ जाए,
तो फिर वह हर बात में अर्थ ढूँढने लगता है।
घर के भीतर सबसे खतरनाक चीज़ क्या है?
"आधी बात।"
आधी बात सुनी गई।
आधी समझी गई।
और पूरी कहानी बना दी गई।
कोई कहता है—
"उसने ऐसा कहा।"
लेकिन कैसे कहा? किस संदर्भ में कहा? क्यों कहा?
ये सब गायब हो जाता है।
और फिर घर के एक कमरे से उठी बात,
दूसरे कमरे में पहुँचते-पहुँचते आरोप बन जाती है।

यहीं से शुरू होता है—
चौखट के कानों का खेल।
कुछ लोग सुनने से ज़्यादा "सुनाने" में रुचि रखते हैं।
उन्हें सच जानना नहीं होता,
उन्हें माहौल बनाना होता है।
कभी ध्यान दिया है—
घर में अगर कोई एक व्यक्ति बार-बार दूसरों की कमियाँ बताता है,
तो धीरे-धीरे लोग उसी की बातों से देखने लगते हैं।
वह कहता है—
"देखा, उसने तुम्हें कैसे देखा?"
"तुम्हारे बारे में उसने ये कहा।"
"तुम्हें समझ नहीं आता, वो तुम्हें नीचा दिखाती है।"
और सामने वाला इंसान,
जो शायद पहले सामान्य था,
अब हर व्यवहार में छिपा अर्थ खोजने लगता है।
घर में कान भरना सिर्फ शब्दों से नहीं होता।
कभी-कभी खामोशी से भी होता है।
जैसे—
सबके सामने मुस्कान,
और बाद में अलग ले जाकर शिकायत।
सबके सामने "ठीक है",

और पीछे से "मैंने तो पहले ही कहा था।"
यह दोहरा व्यवहार धीरे-धीरे रिश्तों में दरार डालता है।
घर की चौखट पर खड़े लोग,
जो अंदर-बाहर दोनों देखते हैं,
अक्सर वही सबसे ज्यादा कहानी फैलाते हैं।
क्यों?
क्योंकि उन्हें "मध्यस्थ" बनना अच्छा लगता है।
उन्हें लगता है कि वे महत्वपूर्ण हैं।
उनके पास जानकारी है।
और जानकारी ही शक्ति है।
लेकिन वे भूल जाते हैं—
जानकारी अगर जिम्मेदारी के साथ न हो,
तो वह आग बन जाती है।
कई घरों में यह राजनीति इतनी सामान्य हो जाती है
कि लोग समझ ही नहीं पाते कि वे इसका हिस्सा बन चुके हैं।
बेटी माँ के पास जाकर कहती है—
"भाभी ने ऐसा किया।"
माँ बेटे के पास जाकर कहती है—
"तेरी पत्नी ऐसी है।"
भाई बहन से कहता है—
"तुम समझती नहीं हो।"

और धीरे-धीरे हर कोई किसी का पक्ष बन जाता है।
कोई किसी का वकील बन जाता है।
कोई किसी का जज।
लेकिन सच का साक्षी कौन बनता है?
कोई नहीं।
घर की राजनीति का एक और चेहरा है—
भावनात्मक चालाकी।
कुछ लोग सीधे आरोप नहीं लगाते।
वे बस माहौल बनाते हैं।
"मैं तो चुप हूँ..."
"मैं तो सह रही हूँ..."
"मैंने तो कभी कुछ नहीं कहा..."
और सामने वाला व्यक्ति दोषी बन जाता है,
बिना कुछ किए भी।
समाज में लाखों घर ऐसे हैं
जहाँ यह सब रोज़ हो रहा है।
यह किसी एक घर की कहानी नहीं है।
यह एक पैटर्न है।
जहाँ सुनने से ज्यादा "मान लेने" की आदत हो,
वहाँ सच्चाई कमजोर हो जाती है।
चौखट के कान तब खतरनाक हो जाते हैं
जब वे बिना जाँच के निर्णय करने लगते हैं।
और इसका सबसे ज्यादा असर किस पर पड़ता है?

उस पर—
जो सीधा है।
जो सफाई देना नहीं जानता।
जो हर बात का जवाब देना अपमान समझता है।
जो सोचता है कि समय सब ठीक कर देगा।
लेकिन समय तब तक कुछ ठीक नहीं करता
जब तक सच सामने आने की जगह ही न हो।
घर की राजनीति से बचने का पहला कदम है—
हर सुनी हुई बात को तुरंत सच न मानना।
अगर कोई कुछ कहे,
तो पूछो—
"क्या तुमने उससे खुद पूछा?"
अगर कोई शिकायत लाए,
तो कहो—
"चलो, तीनों बैठकर बात करते हैं।"
क्योंकि राजनीति अंधेरे में पनपती है।
रोशनी में उसका असर कम हो जाता है।
चौखट के कान बंद नहीं किए जा सकते।
लेकिन चौखट पर खड़े होकर
बिना सोचे-समझे फैसले लेना रोका जा सकता है।
घर में शांति तब आती है
जब हर बात सीधे कही जाए,
पीछे से नहीं।
जब हर शिकायत खुले में सुलझे,

कानों में नहीं।
और जब हर व्यक्ति यह समझे
कि रिश्ते जीतने के लिए नहीं,
निभाने के लिए होते हैं।
क्योंकि अगर चौखट के कान
हर दिन ज़हर सुनेंगे,
तो एक दिन घर की नींव ही कमजोर हो जाएगी।
और फिर लोग पूछेंगे—
"पता नहीं कब सब बदल गया..."
जबकि सच यह होगा—
सब धीरे-धीरे,
सुनते-सुनते बदल गया था।
(अध्याय 2 समाप्त)

अध्याय 3

कान भरने की कला

घर की राजनीति का सबसे तेज़ और खतरनाक हथियार है—कान भरना।
यह कोई शोर मचाने वाली चीज़ नहीं होती।
यह धीरे-धीरे, मुस्कान के साथ, चिंता के नाम पर, रिश्ते बचाने के बहाने से की जाती है।
कान भरना एक कला है।
हर कोई इसे नहीं कर पाता।
जो करता है, वह सीधे आरोप नहीं लगाता।
वह बीज बोता है—और इंतज़ार करता है कि शक खुद जड़ पकड़ ले।
वह कहेगा—
"मैं तो बस बता रही हूँ..."
"तुम बुरा मत मानना..."
"मुझे अच्छा नहीं लगा इसलिए बता दिया..."
सुनने वाले को लगेगा—कोई उसकी भलाई चाहता है।
लेकिन कई बार भलाई के नाम पर दिलों में दूरी बो दी जाती है।
कान भरने की शुरुआत हमेशा किसी एक "छोटी बात" से होती है।
जैसे—
"तुम्हारे आने के बाद से वो बदल गई है।"
"तुम्हें देखकर वो खुश नहीं होती।"
"तुम्हारे बारे में उसने ऐसा कहा..."
और सुनने वाला इंसान, जो पहले सामान्य था,

अब हर व्यवहार में अर्थ खोजने लगता है।
अब उसे हर मुस्कान बनावटी लगती है।
हर खामोशी में साज़िश दिखती है।
कान भरना सीधे झूठ बोलना नहीं होता।
यह आधा सच और आधा अंदाज़ा मिलाकर
कहानी बनाना होता है।
कई बार बोलने वाला खुद भी पूरी तरह गलत
नहीं होता।
लेकिन वह अपने मन की व्याख्या को सच मान
लेता है।
और वही व्याख्या आगे बढ़ा देता है।
धीरे-धीरे घर में "विश्वास" कम होने लगता है।
लोग आमने-सामने कम,
पीछे-पीछे ज़्यादा बात करने लगते हैं।
और यह सब इतनी शांति से होता है
कि किसी को पता भी नहीं चलता—
कब घर दो खेमों में बँट गया।
कान भरने की कला में तीन चीज़ें सबसे ज्यादा
काम करती हैं—
पहली, समय।
बात हमेशा सही समय पर कही जाती है।
जब सामने वाला पहले से दुखी हो, नाराज़ हो,
असुरक्षित हो—
तभी शक का बीज जल्दी उगता है।
दूसरी, भावनात्मक जुड़ाव।

बात किसी अनजान को नहीं कही जाती।
बात उसी को कही जाती है जो पहले से पास हो।
"मैं तुम्हारे साथ हूँ" कहकर
दूसरे को किसी के खिलाफ खड़ा कर दिया जाता है।
तीसरी, दोहराव।
एक बार नहीं, बार-बार।
धीरे-धीरे वही बात सच लगने लगती है।
कई घरों में लोग कहते हैं—
"हमें तो पता ही नहीं चला कब सब बदल गया।"
असल में बदलाव अचानक नहीं आता।
वह धीरे-धीरे, सुनते-सुनते आता है।
कान भरने वाले लोग हमेशा खुद को पीड़ित दिखाते हैं।
वे कहते हैं—
"मैं तो चुप थी..."
"मैंने तो सहा..."
"मैंने तो कभी कुछ नहीं कहा..."
और सामने वाला सोचता है—
"शायद सच में इसे तकलीफ है।"
लेकिन सच्ची तकलीफ कभी रिश्ते तोड़ने की कोशिश नहीं करती।
सच्ची तकलीफ समाधान चाहती है,
साज़िश नहीं।

घर में जब कोई व्यक्ति दूसरों की कमियाँ ढूँढने में माहिर हो जाए,
तो समझ लेना चाहिए कि वह रिश्तों को नहीं,
अपनी जगह मजबूत कर रहा है।
कान भरने के पीछे कई मनोवैज्ञानिक कारण होते हैं—
कभी असुरक्षा।
कभी तुलना।
कभी यह डर कि कहीं दूसरा ज्यादा प्रिय न हो जाए।
कभी यह इच्छा कि निर्णय लेने की ताकत उसी के पास रहे।
कान भरने की आदत वाले लोग अक्सर अंदर से कमजोर होते हैं।
उन्हें सीधे संवाद से डर लगता है।
उन्हें सामने बैठकर बात करना मुश्किल लगता है।
इसलिए वे पीछे से कहानी बुनते हैं।
लेकिन इसका सबसे बड़ा नुकसान किसे होता है?
उस व्यक्ति को,
जो सच में रिश्ते निभाना चाहता है।
वह समझ नहीं पाता—
उसने क्या गलत किया।
क्यों अचानक लोग बदल गए।

क्यों उसका व्यवहार गलत समझा गया।
और धीरे-धीरे वह खुद पर शक करने लगता है।
घर की राजनीति का यह चरण बहुत खतरनाक होता है।
क्योंकि अब लड़ाई खुली नहीं रहती।
अब वह मन के भीतर चलती है।
लोग सामने मुस्कुराते हैं,
पीछे निर्णय ले लेते हैं।
संबंध दिखते हैं,
लेकिन भरोसा गायब हो चुका होता है।
इससे बचने का रास्ता क्या है?
पहला—सीधा संवाद।
अगर कोई कहे "उसने तुम्हारे बारे में..."
तो पूछो—
"चलो अभी उसी से पूछ लेते हैं।"
कान भरने वाला व्यक्ति खुली बातचीत से घबराता है।
क्योंकि वहाँ कहानी टिक नहीं पाती।
दूसरा—तुरंत प्रतिक्रिया न देना।
हर सुनी बात पर प्रतिक्रिया देने से
कान भरने की ताकत बढ़ती है।
तीसरा—अपने अनुभव पर भरोसा करना।
अगर आपने किसी के साथ सालों का रिश्ता देखा है,
तो एक दिन की सुनी बात से उसे मत तोड़ो।

घर तब टूटता है
जब लोग सुनना बंद कर देते हैं
और मानना शुरू कर देते हैं।
और घर तब बचता है
जब लोग पूछना शुरू करते हैं।
कान भरने की कला को खत्म करना मुश्किल है।
लेकिन उसे पहचानना आसान है।
जहाँ बार-बार तीसरा व्यक्ति बीच में आए,
जहाँ बातें सीधे न होकर घुमकर आएँ,
जहाँ शिकायतें बंद कमरे में हों—
वहाँ सावधान रहना चाहिए।
रिश्ते पौधों की तरह होते हैं।
उन्हें पानी चाहिए,
धूप चाहिए,
देखभाल चाहिए।
लेकिन अगर रोज़ उनकी जड़ों में
शक का ज़हर डाला जाए,
तो वे बाहर से हरे दिखते हुए भी
अंदर से सूख जाते हैं।
घर की राजनीति में
सबसे बड़ी जीत वह है
जो किसी को हराकर नहीं,
गलतफहमियों को मिटाकर मिले।
और अगर हम यह समझ लें
कि हर सुनी हुई बात सच नहीं होती,

तो शायद कई घर
रणभूमि बनने से बच सकते हैं।
(अध्याय 3 समाप्त)

अध्याय 4

जब माता-पिता पक्ष बन जाते हैं

घर की राजनीति का सबसे संवेदनशील और
सबसे दर्दनाक मोड़ तब आता है
जब माता-पिता अनजाने में ही किसी एक पक्ष
का हिस्सा बन जाते हैं।
माता-पिता घर की धुरी होते हैं।
उनका शब्द अंतिम माना जाता है।
उनका निर्णय न्याय समझा जाता है।
लेकिन जब वही निर्णय संतुलित न रहे,
तो घर में दरारें गहरी हो जाती हैं।
अक्सर माता-पिता जानबूझकर गलत नहीं
करते।
वे भावनाओं में बह जाते हैं।
कभी किसी एक संतान के अधिक पास होने के
कारण,
कभी किसी की कमजोरी देखकर,
कभी किसी के आँसू देखकर।
और यहीं से शुरू होता है—
"पक्ष लेना।"
घर में अगर दो लोगों के बीच मतभेद हो,
तो माता-पिता का काम होता है

दोनों की बात सुनना।
लेकिन कई बार वे सिर्फ उस व्यक्ति की बात सुनते हैं
जो पहले पहुँच जाता है।
जो पहले शिकायत लेकर आता है,
वही पीड़ित दिखने लगता है।
और जो चुप रहता है,
वह दोषी समझ लिया जाता है।
मनोविज्ञान कहता है—
इंसान स्वाभाविक रूप से उस व्यक्ति पर ज्यादा विश्वास करता है
जिससे उसका भावनात्मक जुड़ाव अधिक हो।
अगर कोई संतान हमेशा पास रही हो,
हमेशा साथ बैठी हो,
हमेशा अपनी बात साझा करती हो,
तो माता-पिता का झुकाव उसी की तरफ हो सकता है।
यह जानबूझकर किया गया अन्याय नहीं होता,
लेकिन परिणाम अन्याय जैसा ही होता है।
घर में जब माता-पिता यह कहने लगें—
"वो गलत नहीं हो सकता।"
"मुझे अपनी बेटी/बेटे पर भरोसा है।"
"तुम ही कुछ करते होंगे।"
तब संतुलन टूट जाता है।
विश्वास एक तरफ जमा हो जाता है,

और शक दूसरी तरफ।
ऐसी स्थिति में जो व्यक्ति खुद को अकेला महसूस करता है,
उसका मन धीरे-धीरे अंदर से टूटने लगता है।
क्योंकि वह सोचता है—
अगर मेरे अपने ही मेरी बात नहीं सुनेंगे,
तो फिर कौन सुनेगा?
माता-पिता का पक्ष लेना कई बार
घर की राजनीति को स्थायी बना देता है।
अब वह सिर्फ दो लोगों की समस्या नहीं रहती।
अब वह "परिवार बनाम व्यक्ति" बन जाती है।
और जब पूरा परिवार एक तरफ हो,
तो दूसरी तरफ खड़े व्यक्ति का मनोबल गिरना स्वाभाविक है।
यहाँ एक और मनोवैज्ञानिक कारण काम करता है—
"परिवार की छवि।"
कई माता-पिता सच जानने से ज्यादा
घर की शांति और समाज में इज़्ज़त बचाने की चिंता करते हैं।
वे सोचते हैं—
अगर मान लिया कि गलती अपने बच्चे की है,
तो लोग क्या कहेंगे?
इसलिए वे समस्या को स्वीकार करने की बजाय
उसे दबा देते हैं।

लेकिन दबाई गई समस्या खत्म नहीं होती।
वह भीतर जमा होती रहती है।
माता-पिता कभी-कभी यह भी सोचते हैं
कि सख्ती दिखाकर वे घर को संभाल रहे हैं।
वे कहते हैं—
"चुप रहो।"
"बात खत्म करो।"
"मुझे कोई बहस नहीं चाहिए।"
पर समस्या बहस से नहीं,
बात न होने से बढ़ती है।
जब घर में खुलकर संवाद की जगह
डर या दबाव ले लेता है,
तो रिश्ते कमजोर हो जाते हैं।
माता-पिता अगर किसी एक को लगातार सही
मानते रहें,
तो दूसरा व्यक्ति दो में से एक रास्ता चुनता है—
या तो वह पूरी तरह चुप हो जाता है।
या फिर वह भीतर ही भीतर विद्रोह करने लगता
है।
दोनों ही स्थिति घर के लिए नुकसानदेह हैं।
सही भूमिका क्या होनी चाहिए?
माता-पिता को जज नहीं,
संतुलन बनना चाहिए।
उन्हें यह समझना चाहिए
कि हर कहानी के दो पहलू होते हैं।

और अगर दोनों को बराबर सुनने की आदत न हो,
तो न्याय अधूरा रह जाता है।
घर तब सुरक्षित महसूस होता है
जब हर सदस्य को यह भरोसा हो
कि उसकी बात सुनी जाएगी।
माता-पिता का एक वाक्य
किसी के आत्मविश्वास को बना भी सकता है
और तोड़ भी सकता है।
जब वे कहते हैं—
"मैं तुम्हारी बात भी सुनूँगा,"
तो टूटता हुआ दिल संभल सकता है।
और जब वे कहते हैं—
"बस, अब और नहीं सुनना,"
तो वह दिल और भीतर चला जाता है।
घर की राजनीति में
माता-पिता का पक्ष लेना
सबसे भारी निर्णय बन सकता है।
क्योंकि बच्चे चाहे कितने भी बड़े हो जाएँ,
उनके लिए माँ-बाप का निर्णय अंतिम होता है।
अगर वही निर्णय असंतुलित लगे,
तो मन में गहरी चोट लगती है।
इसलिए घर को घर बनाए रखने के लिए
माता-पिता को भावनात्मक परिपक्वता दिखानी होती है।

उन्हें यह समझना होता है
कि एक को बचाते-बचाते
दूसरे को खो देना
समाधान नहीं है।
घर की राजनीति तब कम होती है
जब माता-पिता सुनते हैं,
समझते हैं,
और तुरंत फैसला नहीं देते।
क्योंकि न्याय की जल्दी
अक्सर अन्याय पैदा कर देती है।
और जहाँ अन्याय की भावना बैठ जाए,
वहाँ चौखट के भीतर की जंग
लंबी चलती है।
(अध्याय 4 समाप्त)

अध्याय 5

शांत लोग क्यों हारते दिखते हैं

घर की राजनीति में एक बात बार-बार देखने को मिलती है—
जो सबसे ज्यादा चिल्लाता है, वही सबसे ज्यादा सुना जाता है।
और जो सबसे शांत रहता है, वही सबसे ज्यादा गलत समझ लिया जाता है।
यह बहुत अजीब लगता है, लेकिन यह सच है।
लाखों घरों में, लाखों रिश्तों में यही पैटर्न चलता है।
शांत लोग अक्सर घर को जोड़कर रखना चाहते हैं।
वे सोचते हैं—
"कहने से क्या होगा?"
"बहस बढ़ जाएगी।"
"घर की शांति चली जाएगी।"
"समय के साथ सब ठीक हो जाएगा।"

और यही सोच उन्हें धीरे-धीरे कमजोर दिखाई देने लगती है।
जबकि असल में वे कमजोर नहीं होते।
वे बस टकराव से बचते हैं।
मनोविज्ञान में इसे एक शब्द में समझा जा सकता है—
टकराव से बचने की प्रवृत्ति।
कुछ लोग संघर्ष से डरते नहीं,
लेकिन उन्हें संघर्ष पसंद नहीं होता।
वे जानते हैं कि बहस से कुछ नहीं मिलेगा,
इसलिए वे चुप रह जाते हैं।
पर समस्या यह है कि
चुप्पी हमेशा समझदारी नहीं मानी जाती।
कई बार चुप्पी को अपराध समझ लिया जाता है।
घर में राजनीति करने वाला व्यक्ति
इसी चुप्पी का फायदा उठाता है।
वह कह देता है—
"देखो, ये कुछ बोल नहीं रहा।"
"मतलब इसकी गलती है।"
"अगर सही होता तो जवाब देता।"
और फिर कहानी मजबूत हो जाती है।
यहाँ एक मनोवैज्ञानिक नियम काम करता है—
जिसके पास शब्द ज्यादा होते हैं,
वह अधिक विश्वसनीय लगता है।
भले ही उसके शब्द सच न हों।

इसे हम ऐसे समझ सकते हैं—
जो व्यक्ति बातों को तेजी से, आत्मविश्वास से
और बार-बार कहता है,
सुनने वाले का दिमाग धीरे-धीरे उसे सच मानने
लगता है।
क्योंकि दिमाग बार-बार सुनी बात को
“परिचित” मानता है,
और परिचित चीज़ को “सही” मानने की
संभावना बढ़ जाती है।
शांत व्यक्ति यह गलती करता है कि
वह अपनी सच्चाई को बार-बार दोहराता नहीं।
वह सोचता है—
“एक बार कहा, काफी है।”
लेकिन राजनीति करने वाला व्यक्ति
एक ही बात को सौ तरीकों से कहता है।
और वही बात सच बनती जाती है।
दूसरा कारण होता है—
शांत लोगों का स्वभाव।
शांत व्यक्ति अक्सर संवेदनशील होता है।
वह रिश्तों में सम्मान ढूँढता है।
वह शब्दों की चोट को जल्दी महसूस करता है।
इसलिए वह टकराव से बचता है।
लेकिन राजनीति करने वाला व्यक्ति
शब्दों को हथियार की तरह इस्तेमाल करता है।
उसे पता होता है कि कौन सा वाक्य

किसके मन को हिला देगा।
शांत व्यक्ति भीतर ही भीतर सहता रहता है।
और बाहर से सबको लगता है—
"ये तो ठीक है।"
असल में वह ठीक नहीं होता।
वह बस दिखाता नहीं।
मनोविज्ञान इसे "भावनात्मक दबाव" कहता है।
जब इंसान लगातार भावनाएँ दबाता है,
तो वह एक समय बाद
थक जाता है, टूट जाता है, या अचानक फट पड़ता है।
और जब शांत व्यक्ति अचानक रोता है, या गुस्सा करता है,
तो लोग हैरान हो जाते हैं।
वे कहते हैं—
"इतना ड्रामा क्यों?"
"अब अचानक ये सब?"
लेकिन यह अचानक नहीं होता।
यह सालों की चुप्पी का जमा हुआ दर्द होता है।
शांत व्यक्ति का एक और मनोवैज्ञानिक पैटर्न होता है—
वह खुद को दोष देने लगता है।
जब बार-बार उसे गलत कहा जाए,
तो वह सोचने लगता है—
"शायद मैं ही गलत हूँ।"

इसे मनोविज्ञान में "आत्म-संदेह" कहा जाता है।
लगातार आलोचना और दोष से
इंसान अपने निर्णय पर भरोसा खोने लगता है।
और यही राजनीति का सबसे बड़ा लक्ष्य होता है—
सामने वाले का आत्मविश्वास तोड़ देना।
क्योंकि जब आत्मविश्वास टूट जाता है,
तो इंसान खुद को बचाने में कमजोर पड़ जाता है।
शांत लोग हारते नहीं हैं।
वे बस देर से बोलते हैं।
और घर की राजनीति में
देर से बोलना
कई बार महंगा पड़ता है।
इसका मतलब यह नहीं कि
शांत व्यक्ति को चिल्लाना चाहिए।
इसका मतलब यह है कि
शांत व्यक्ति को सीमाएँ तय करनी चाहिए।
सीमाएँ क्या हैं?
सीमा का मतलब है—
जहाँ से आगे मैं नहीं सहूँगा।
जहाँ से आगे मैं खुद को बचाऊँगा।
घर की राजनीति से बचने का सबसे प्रभावी तरीका है—
कम शब्द, लेकिन स्पष्ट शब्द।

शांत व्यक्ति अगर एक बात सीख ले—
"मैं चुप रहूँगा, लेकिन गलत नहीं सहूँगा"
तो उसकी शांति ताकत बन जाती है।
वह राजनीति करने वाले को यह संदेश देता है—
मैं लड़ाई नहीं चाहता,
लेकिन मैं कमजोर भी नहीं हूँ।
शांत लोगों को अक्सर यह भी सिखाया गया
होता है—
"बड़े हैं, इसलिए सह लो।"
"घर है, इसलिए छोड़ दो।"
"रिश्ते हैं, इसलिए चुप रहो।"
पर मनोविज्ञान कहता है—
रिश्तों में सम्मान नहीं होगा,
तो रिश्ता बोझ बन जाता है।
और बोझ को रोज़ ढोना
मानसिक स्वास्थ्य को कमजोर कर देता है।
शांत लोगों के साथ सबसे बड़ी समस्या यह होती
है
कि वे मदद माँगने में देर करते हैं।
वे सोचते हैं—
"मैं खुद संभाल लूँगा।"
लेकिन जब घर के भीतर लगातार राजनीति हो,
तो अकेले संभालना मुश्किल हो जाता है।
इसलिए शांत लोगों के लिए सबसे जरूरी बात
है—

अपनी बात सही समय पर कहना।
और अपनी बात का अर्थ यह नहीं कि
गुस्सा करना, झगड़ा करना, ताने मारना।
अपनी बात का अर्थ है—
साफ़ कहना।
स्पष्ट कहना।
सीधे कहना।
“मैं यह नहीं सहूँगा।”
“मैं यह स्वीकार नहीं करूँगा।”
“मेरे बारे में कोई बात होगी, तो मेरे सामने
होगी।”
घर की राजनीति का असर तब कम होने लगता
है
जब शांत लोग अपनी शांति के साथ
अपना आत्म-सम्मान भी पकड़ लेते हैं।
क्योंकि असली शांति
चुप्पी नहीं होती।
असली शांति होती है—
अंदर से सुरक्षित महसूस करना।
और जिस दिन शांत व्यक्ति
अपने भीतर की सुरक्षा वापस ले आता है,
उसी दिन राजनीति करने वाले की ताकत घट
जाती है।
(अध्याय 5 समाप्त)

अध्याय 6

बहू, ननद और रिश्तों का संघर्ष

घर की राजनीति की सबसे संवेदनशील जगह
अक्सर वही होती है
जहाँ दो औरतें एक ही घर में अलग-अलग
भूमिकाओं में खड़ी होती हैं।
एक "अपनी" कहलाती है,
दूसरी "आई हुई"।
यहीं से शुरू होता है—
स्वीकार और अस्वीकार का संघर्ष।

बहू जब किसी घर में आती है,
तो वह सिर्फ एक व्यक्ति नहीं होती।
वह अपने संस्कार, अपनी आदतें, अपना पालन-पोषण,
अपनी उम्मीदें और अपनी असुरक्षाएँ भी साथ लाती है।
उधर ननद या घर की बेटी
उस घर को अपना जन्मसिद्ध अधिकार मानती है।
उसने उस घर में बचपन जिया होता है।
उसकी यादें, उसकी पहचान, उसकी जगह—सब वहीं से जुड़ी होती हैं।
अब जब एक नई लड़की उसी घर में आती है,
तो मन में एक हल्की सी बेचैनी पैदा हो सकती है।
यह बेचैनी हर जगह नहीं होती।
लेकिन जहाँ होती है,
वहीं से राजनीति की शुरुआत होती है।
मनोविज्ञान कहता है—
जहाँ "अपनापन" और "अधिकार" टकराते हैं,
वहाँ संघर्ष जन्म लेता है।
बहू घर में अपना स्थान बनाना चाहती है।
ननद या घर की बेटी अपनी जगह कम नहीं होने देना चाहती।
यह खुली लड़ाई नहीं होती।

यह तुलना से शुरू होती है।
“वो ऐसा करती है...”
“मैंने तो कभी ऐसा नहीं किया...”
“मेरे समय में...”
धीरे-धीरे हर काम तुलना बन जाता है।
अगर बहू शांत है—
तो कहा जाएगा, “घमंडी है।”
अगर वह बोलती है—
तो कहा जाएगा, “बहुत बोलती है।”
अगर वह अपने तरीके से काम करे—
तो कहा जाएगा, “घर का ढंग नहीं अपनाया।”
और अगर वह सबकी बात माने—
तो कहा जाएगा, “अपनी कोई सोच नहीं है।”
यह द्वंद्व केवल बहू-ननद का नहीं है।
यह पहचान का संघर्ष है।
समाज ने वर्षों तक
बहू से “समायोजन” की अपेक्षा की है।
और बेटी को “घर की लाडली” का दर्जा दिया है।
जब दोनों भूमिकाएँ एक ही छत के नीचे आती हैं,
तो संतुलन बहुत जरूरी हो जाता है।
अगर संतुलन न हो,
तो घर में पक्ष बनने लगते हैं।
कभी माँ बेटी का पक्ष लेती है।
कभी भाई पत्नी का।
और धीरे-धीरे संबंध खेमों में बँट जाते हैं।

यहाँ एक और मनोवैज्ञानिक पहलू काम करता है—
असुरक्षा।
अगर किसी को यह लगे कि
उसका महत्व कम हो रहा है,
तो वह अनजाने में विरोध करने लगता है।
यह विरोध कभी शब्दों में आता है,
कभी तानों में,
कभी चुप्पी में।
कई घरों में यह संघर्ष सिर्फ इसलिए बढ़ता है
क्योंकि किसी ने शुरुआत में ही
खुलकर बात नहीं की।
अगर शुरुआत में ही कहा जाए—
"यह घर सबका है।"
"यहाँ किसी की जगह कम नहीं होगी।"
"हम एक-दूसरे को जगह देंगे।"
तो बहुत सी गलतफहमियाँ वहीं खत्म हो सकती हैं।
लेकिन जहाँ बात न होकर
अंदर-अंदर तुलना चलती रहे,
वहाँ मन कठोर होने लगता है।
बहू को लगता है—
"मुझे स्वीकार नहीं किया गया।"
ननद को लगता है—
"मेरी जगह छीनी जा रही है।"

और माँ को लगता है—
“मेरा घर बदल रहा है।”
तीनों की भावनाएँ वास्तविक हो सकती हैं।
लेकिन समस्या तब बनती है
जब भावनाएँ संवाद में न बदलें,
बल्कि आरोपों में बदल जाएँ।
घर की राजनीति में अक्सर
औरत ही औरत की प्रतिद्वंद्वी बना दी जाती है।
समाज ने वर्षों तक
औरत को त्याग और सहनशीलता का प्रतीक
बनाया,
लेकिन उसे भावनात्मक सुरक्षा कम दी।
इसलिए कई बार वह अपनी असुरक्षा
दूसरी औरत पर निकाल देती है।
यह सही नहीं है।
लेकिन यह समझना जरूरी है।
संघर्ष का समाधान तभी संभव है
जब दोनों पक्ष अपनी भूमिका समझें।
बहू को यह समझना होगा
कि हर घर की अपनी परंपरा होती है।
और ननद या घर की बेटी को यह समझना होगा
कि घर में नई सदस्य का सम्मान
घर की गरिमा बढ़ाता है, कम नहीं करता।
सबसे बड़ी जिम्मेदारी माता-पिता की होती है।
अगर वे शुरुआत में संतुलन बना दें,

तो संघर्ष कम हो सकता है।
अगर वे स्पष्ट कह दें—
"यह घर किसी का कम नहीं,
सबका है।"
तो राजनीति की जमीन कमजोर हो जाती है।
लेकिन जहाँ पक्षपात हो,
वहाँ संघर्ष स्थायी हो जाता है।
घर की राजनीति का यह हिस्सा
सबसे ज्यादा भावनात्मक होता है।
क्योंकि यहाँ बात सिर्फ व्यवहार की नहीं,
सम्मान और पहचान की होती है।
और सम्मान अगर एक को मिले
और दूसरे को न मिले,
तो चोट गहरी होती है।
इसलिए जरूरी है—
रिश्तों को प्रतियोगिता न बनने दिया जाए।
घर कोई मंच नहीं है
जहाँ कोई जीते और कोई हारे।
घर वह जगह है
जहाँ हर व्यक्ति को यह महसूस होना चाहिए
कि वह यहाँ अनचाहा नहीं है।
जब यह भावना आ जाए,
तो राजनीति की आग धीमी पड़ने लगती है।
और जब यह भावना टूट जाए,
तो चौखट के भीतर की जंग लंबी चलती है।

(अध्याय 6 समाप्त)

अध्याय 7

घर की राजनीति के शिकार

घर की राजनीति कभी सिर्फ दो लोगों के बीच नहीं रहती।
उसका असर पूरे घर पर पड़ता है।

और सबसे गहरा असर उन पर पड़ता है
जो सबसे कम बोलते हैं—
बच्चे, शांत सदस्य, और भावनात्मक रूप से निर्भर लोग।
जब घर में रोज़ ताने हों,
रोज़ तुलना हो,
रोज़ कानाफूसी हो,
तो यह माहौल सिर्फ शब्दों तक सीमित नहीं रहता।
यह वातावरण बन जाता है।
मनोविज्ञान बताता है कि
बच्चे सिर्फ वही नहीं सीखते जो उन्हें सिखाया जाता है,
वे वह भी सीखते हैं जो वे "देखते" हैं।
अगर बच्चा रोज़ देखता है कि
घर में लोग एक-दूसरे के खिलाफ बातें कर रहे हैं,
तो उसके मन में यह धारणा बैठने लगती है
कि रिश्तों में भरोसा कम और सावधानी ज्यादा जरूरी है।
वह सीखता है—
सीधे बात करने से बेहतर है पीछे से बोलना।
शांत रहना कमजोरी है।
और ताकत वही है जो दूसरों को दबा सके।
यह सीख अनजाने में उसकी सोच का हिस्सा बन जाती है।

घर की राजनीति का पहला शिकार बच्चे होते हैं।
वे सुरक्षित माहौल चाहते हैं।
उन्हें स्थिरता चाहिए।
उन्हें यह भरोसा चाहिए कि
माँ-पापा या परिवार के बड़े एक-दूसरे का
सम्मान करते हैं।
जब यह भरोसा टूटता है,
तो बच्चे के मन में असुरक्षा पनपती है।
वह सोचता है—
“क्या मेरा घर सुरक्षित है?”
“अगर बड़े ही एक-दूसरे से खुश नहीं हैं,
तो मैं कहाँ सुरक्षित हूँ?”
कुछ बच्चे चुप हो जाते हैं।
कुछ ज़्यादा गुस्सैल हो जाते हैं।
कुछ पढ़ाई में कमजोर पड़ जाते हैं।
और कुछ अपनी भावनाएँ व्यक्त करना बंद कर
देते हैं।
मनोविज्ञान में इसे भावनात्मक अस्थिरता कहा
जाता है।
लगातार तनाव में रहने वाला बच्चा
या तो बहुत ज्यादा संवेदनशील हो जाता है
या बिल्कुल कठोर।
दोनों ही स्थितियाँ संतुलित व्यक्तित्व के लिए
सही नहीं हैं।
घर की राजनीति का दूसरा बड़ा शिकार है—

वह व्यक्ति जो आर्थिक या भावनात्मक रूप से
निर्भर है।
अगर कोई सदस्य घर में आर्थिक रूप से
कमजोर हो,
या सामाजिक रूप से अकेला हो,
तो राजनीति का असर उस पर ज्यादा पड़ता है।
क्योंकि उसके पास विकल्प कम होते हैं।
वह सोचता है—
"मैं बोलूँगा तो मेरे खिलाफ माहौल बन जाएगा।"
"मैं विरोध करूँगा तो मुझे ही गलत ठहराया
जाएगा।"
धीरे-धीरे वह आत्म-सम्मान खोने लगता है।
लगातार अपमान या उपेक्षा का असर
सीधे आत्मविश्वास पर पड़ता है।
मनोविज्ञान कहता है—
अगर किसी व्यक्ति को बार-बार यह महसूस
कराया जाए
कि वह कमतर है,
तो वह सच में खुद को कमतर मानने लगता है।
इसे "सीखी हुई लाचारी" कहा जाता है।
जब इंसान बार-बार कोशिश करके भी
न्याय या सम्मान न पा सके,
तो वह कोशिश करना छोड़ देता है।
घर की राजनीति कई बार
लोगों को अंदर से तोड़ देती है।

बाहर से सब सामान्य दिखता है—
त्योहार मनते हैं, मेहमान आते हैं,
सोशल मीडिया पर मुस्कान होती है।
लेकिन भीतर कोई रोज़ टूट रहा होता है।
समाज में इस विषय पर कम बात होती है।
लोग कहते हैं—
"घर की बात घर में ही रहे।"
"हर घर में थोड़ा बहुत होता है।"
लेकिन "थोड़ा बहुत" कब "बहुत ज्यादा" बन
जाता है,
यह कोई नहीं देखता।
मानसिक स्वास्थ्य का सबसे बड़ा दुश्मन
लगातार तनाव है।
अगर कोई व्यक्ति रोज़ खुद को बचाने की
कोशिश में लगा रहे,
तो उसका दिमाग कभी आराम की स्थिति में
नहीं जाता।
वह हमेशा सतर्क रहता है।
कौन क्या कहेगा।
कौन क्या सोचेगा।
किस बात का गलत अर्थ निकलेगा।
यह मानसिक थकान
शारीरिक थकान से ज्यादा भारी होती है।
कई लोग कहते हैं—
"तुम बहुत सोचते हो।"

लेकिन जो रोज़ राजनीति के बीच जी रहा हो,
वह सोचेगा नहीं तो क्या करेगा?
घर की राजनीति का तीसरा शिकार है—
रिश्तों पर विश्वास।
अगर किसी व्यक्ति ने बार-बार धोखा या
गलतफहमी झेली हो,
तो वह धीरे-धीरे सभी रिश्तों से डरने लगता है।
उसे लगता है—
कोई भी सच्चा नहीं।
कोई भी भरोसे लायक नहीं।
यह सोच उसे समाज से दूर कर सकती है।
और जब इंसान खुद को अलग कर लेता है,
तो अकेलापन बढ़ता है।
अकेलापन कई बार अवसाद का कारण बनता है।
इसलिए यह समझना जरूरी है
कि घर की राजनीति सिर्फ तकरार नहीं है।
यह मानसिक स्वास्थ्य का विषय है।
अगर घर में रोज़ तनाव हो,
तो उसका असर बच्चों के भविष्य,
बड़ों के आत्म-सम्मान,
और पूरे परिवार की भावनात्मक सेहत पर पड़ता
है।
समाधान क्या है?
पहला—स्वीकार करना कि समस्या है।
दूसरा—संवाद शुरू करना।

तीसरा—सीमाएँ तय करना।
अगर घर में किसी को लगातार चोट लग रही है,
तो उसे "संवेदनशील" कहकर चुप न कराएँ।
संवेदनशील होना कमजोरी नहीं है।
यह मानवीय गुण है।
और जो व्यक्ति दर्द महसूस करता है,
वही सुधार की कोशिश भी करता है।
घर की राजनीति को खत्म करना आसान नहीं है।
लेकिन उसे पहचानना जरूरी है।
अगर हम यह समझ लें
कि हर शब्द, हर ताना, हर आरोप
किसी के मन पर असर डालता है,
तो शायद हम बोलने से पहले सोचेंगे।
घर की असली मजबूती
दीवारों से नहीं,
भावनात्मक सुरक्षा से बनती है।
और जहाँ भावनात्मक सुरक्षा टूटती है,
वहाँ घर का हर सदस्य
किसी न किसी रूप में
राजनीति का शिकार बन जाता है।
(अध्याय 7 समाप्त)

अध्याय 8

सीमाएँ बनाना क्यों ज़रूरी है

घर की राजनीति को पूरी तरह खत्म करना
हमेशा संभव नहीं होता।
लेकिन उससे खुद को बचाना संभव है।
और इसका पहला और सबसे महत्वपूर्ण कदम
है—सीमाएँ बनाना।
सीमा का मतलब दीवार खड़ी करना नहीं है।
सीमा का मतलब है—
यह तय करना कि
मैं कहाँ तक सहूँगा
और कहाँ से खुद को बचाऊँगा।
कई लोग सोचते हैं
सीमा बनाना मतलब रिश्ते तोड़ना।
लेकिन सच यह है कि
सीमा न बनाना रिश्ते तोड़ देता है।
जब इंसान बार-बार अपनी मर्यादा के खिलाफ
बातें सुनता है,
अपमान सहता है,
और कुछ नहीं कहता,
तो भीतर गुस्सा जमा होता है।
यह गुस्सा एक दिन फूटता है।
और तब रिश्ते ज्यादा टूटते हैं।
मनोविज्ञान बताता है कि
हर इंसान को भावनात्मक सुरक्षा की जरूरत
होती है।
अगर कोई लगातार असुरक्षित महसूस करे,

तो उसका व्यवहार बदलने लगता है।
वह या तो अत्यधिक शांत हो जाता है
या अत्यधिक आक्रामक।
सीमाएँ बनाना
इन दोनों अतियों से बचाता है।
सीमा का पहला रूप है—स्पष्ट शब्द।
अगर कोई बार-बार ताना मारे,
तो शांत स्वर में कहना चाहिए—
"मुझे इस तरह की बात पसंद नहीं।"
अगर कोई आपकी अनुपस्थिति में आपके बारे में बात करे,
तो कहना चाहिए—
"मेरे बारे में कोई भी बात हो, तो मेरे सामने हो।"
यह लड़ाई नहीं है।
यह आत्म-सम्मान है।
सीमा का दूसरा रूप है—भावनात्मक दूरी।
हर बात पर प्रतिक्रिया देना
राजनीति को बढ़ावा देता है।
अगर हर उकसावे पर आप जवाब देंगे,
तो सामने वाले को मज़ा आएगा।
लेकिन जब आप प्रतिक्रिया देना बंद कर देते हैं,
तो धीरे-धीरे राजनीति की आग ठंडी होने लगती है।
मनोविज्ञान में इसे "भावनात्मक डिटैचमेंट" कहा जाता है।

मतलब—
मैं सब समझता हूँ,
लेकिन हर चीज़ को अपने दिल पर नहीं लूँगा।
यह सीखना आसान नहीं है।
लेकिन यह बहुत जरूरी है।
सीमा का तीसरा रूप है—आर्थिक और मानसिक आत्मनिर्भरता।
अगर इंसान पूरी तरह दूसरों पर निर्भर हो,
तो उसकी सीमाएँ कमजोर हो जाती हैं।
लेकिन अगर वह खुद खड़ा हो,
तो उसका आत्मविश्वास मजबूत होता है।
घर की राजनीति अक्सर वहीं पनपती है
जहाँ किसी को कमजोर समझा जाता है।
जैसे ही व्यक्ति आत्मनिर्भर होता है,
उसकी बात की कीमत बढ़ जाती है।
सीमाएँ बनाते समय एक बात याद रखनी चाहिए—
कठोर मत बनो, स्पष्ट बनो।
कठोरता रिश्ते तोड़ती है।
स्पष्टता रिश्ते बचाती है।
अगर कोई आपकी भावनाओं का सम्मान नहीं कर रहा,
तो उसे यह बताना जरूरी है।
शांत रहकर, लेकिन दृढ़ता से।
सीमाएँ बनाने के बाद

कुछ लोग आपको बदलता हुआ कहेंगे।
कुछ कहेंगे—
“अब पहले जैसे नहीं रहे।”
लेकिन बदलाव गलत नहीं है
अगर वह आत्म-सम्मान के लिए हो।
सीमा का मतलब है—
मैं रिश्ते निभाऊँगा,
लेकिन खुद को मिटाकर नहीं।
मैं सुनूँगा,
लेकिन हर आरोप स्वीकार नहीं करूँगा।
मैं परिवार का हिस्सा हूँ,
लेकिन मेरा भी एक अस्तित्व है।
घर की राजनीति तब कमजोर होती है
जब हर व्यक्ति अपनी मर्यादा समझता है।
सीमाएँ बनाना
रिश्तों में संतुलन लाता है।
और संतुलन ही शांति का आधार है।
अगर घर में हर व्यक्ति
यह तय कर ले कि
वह दूसरों की सीमा का सम्मान करेगा,
तो राजनीति की ज़रूरत ही खत्म हो जाएगी।
क्योंकि राजनीति वहीं होती है
जहाँ सम्मान कम और नियंत्रण ज्यादा हो।
सीमाएँ बनाना
अपने लिए खड़ा होना है।

और जब इंसान अपने लिए खड़ा होता है,
तो वह किसी के खिलाफ नहीं होता—
वह बस अपने पक्ष में होता है।
(अध्याय 8 समाप्त)

अध्याय 9

चौखट के भीतर शांति कैसे लौटे

घर की राजनीति का सबसे बड़ा नुकसान यह
नहीं कि घर में बहस हो जाती है।
सबसे बड़ा नुकसान यह है कि घर से “शांति”
चली जाती है।
और शांति चली जाए तो फिर
घर चाहे जितना बड़ा हो,
इंसान भीतर से छोटा हो जाता है।
कई लोग पूछते हैं—
“क्या शांति वापस आ सकती है?”
हाँ, आ सकती है।
लेकिन शांति तभी लौटती है
जब घर के लोग यह समझें
कि शांति का मतलब चुप्पी नहीं है।
शांति का मतलब है—
मन का सुरक्षित होना।
रिश्तों का सम्मान में टिकना।
और घर का ऐसा माहौल
जहाँ कोई डरकर न रहे।
समाज ने हमें यह सिखाया है
कि घर बचाना है तो “सह लो।”
लेकिन मनोविज्ञान कहता है—

लगातार सहना,
बिना सुरक्षा और सम्मान के,
मानसिक स्वास्थ्य को कमजोर कर देता है।
इसलिए शांति लाने का पहला कदम है—
सच को स्वीकार करना।
अगर घर में राजनीति है,
तो उसे “हर घर में होता है” कहकर
नॉर्मल मत बना दो।
समस्या को पहचानना ही
समाधान की शुरुआत है।
शांति का दूसरा कदम है—
खुला संवाद।
खुला संवाद मतलब बहस नहीं।
खुला संवाद मतलब साफ़ बात।
बहुत से घर इसलिए टूटते हैं
क्योंकि लोग बोलते बहुत हैं
लेकिन बात नहीं करते।
वे ताने मारते हैं,
आरोप लगाते हैं,
पर अपनी असली भावना नहीं बताते।
अगर घर में कोई कह दे—
“मुझे तुम्हारे शब्दों से चोट लगी।”
“मुझे इस व्यवहार से डर लगता है।”
“मुझे अपमानित महसूस होता है।”
तो कई चीज़ें उसी दिन बदल सकती हैं।

लेकिन इस संवाद के लिए
दोनों पक्षों को तैयार होना पड़ता है।
अगर एक पक्ष सिर्फ जीत चाहता है,
तो शांति आने में समय लगता है।
शांति का तीसरा कदम है—
सीमाएँ और नियम।
घर में नियम यह नहीं होना चाहिए
कि “कौन सही है।”
घर में नियम यह होना चाहिए
कि “हम बात कैसे करेंगे।”
जैसे—
गाली नहीं।
नीचा दिखाने वाले शब्द नहीं।
किसी के परिवार पर टिप्पणी नहीं।
बच्चों के सामने लड़ाई नहीं।
और किसी की अनुपस्थिति में उसके बारे में
चर्चा नहीं।
यह सुनने में छोटी बातें लगती हैं।
लेकिन यही छोटी बातें
घर की हवा बदल देती हैं।
मनोविज्ञान कहता है—
घर का माहौल इंसान के दिमाग पर
रोज़ असर करता है।
अगर घर में रोज़ तनाव हो,
तो दिमाग हमेशा सतर्क रहता है।

यह सतर्कता
धीरे-धीरे चिंता, चिड़चिड़ापन और अवसाद में
बदल सकती है।
इसलिए शांति के लिए
घर में "मानसिक सुरक्षा" बनानी पड़ती है।
मानसिक सुरक्षा का मतलब—
आप बिना डर के बोल सकें।
आप बिना अपमान के अपनी बात रख सकें।
और आपको यह भरोसा हो
कि आपकी बात सुनी जाएगी।
शांति का चौथा कदम है—
माफ़ी और सुधार का अंतर समझना।
कई घरों में लोग कहते हैं—
"माफ़ कर दो।"
लेकिन माफ़ी तब ही सही होती है
जब उसके बाद बदलाव भी हो।
बार-बार वही दर्द,
और हर बार वही "सॉरी"—
यह शांति नहीं लाता,
यह सिर्फ चक्र बनाता है।
शांति के लिए जरूरी है—
सुधार।
अगर कोई सच में पछता रहा है,
तो उसका व्यवहार बदलेगा।
उसकी भाषा बदलेगी।

उसकी प्राथमिकता बदलेगी।
और अगर कुछ नहीं बदलता,
तो शांति के लिए
दूरी भी एक उपाय बन सकती है।
समाज दूरी को गलत मानता है।
लेकिन कई बार दूरी
जिंदगी बचाती है।
शांति का पाँचवाँ कदम है—
स्वाभिमान।
घर में शांति तभी टिकती है
जब हर व्यक्ति का स्वाभिमान सुरक्षित हो।
अगर किसी एक को बार-बार नीचा दिखाया जाए,
तो घर की शांति टिक नहीं सकती।
यहाँ एक बहुत जरूरी बात है—
शांति का मतलब यह नहीं कि
आप हर बात मान लें।
शांति का मतलब यह है कि
आप अपनी बात सम्मान से रखें
और दूसरों की बात सम्मान से सुनें।
शांति का छठा कदम है—
बच्चों को बचाना।
घर की राजनीति का असर बच्चों पर सबसे ज्यादा पड़ता है।
इसलिए बच्चों के सामने

लड़ाई, ताने, आरोप—इनसे बचना जरूरी है।
बच्चे अगर तनाव में बड़े होंगे
तो वे या तो डरपोक बनेंगे
या गुस्सैल।
और दोनों ही स्थिति
उनकी जिंदगी पर असर डालेगी।
शांति का सातवाँ कदम है—
व्यक्तिगत उपचार (Healing)।
घर के भीतर की जंग
कभी-कभी इंसान को अंदर से तोड़ देती है।
ऐसे में सिर्फ घर बदलना काफी नहीं होता।
मन को भी संभालना पड़ता है।
कुछ लोग थेरपी लेते हैं।
कुछ लोग ध्यान करते हैं।
कुछ लोग लिखते हैं।
और कुछ लोग प्रार्थना करते हैं।
हर रास्ता सही है
अगर वह आपको अंदर से मजबूत बनाता है।
आस्था भी healing का एक मजबूत तरीका है।
क्योंकि आस्था इंसान को यह याद दिलाती है—
आप अकेले नहीं हैं।
लेकिन आस्था के साथ
व्यवहारिक कदम भी जरूरी हैं।
शांति का आठवाँ और अंतिम कदम है—
अपने जीवन की दिशा तय करना।

कई लोग राजनीति में फँसकर
अपनी जिंदगी रोक देते हैं।
वे रोज़ उसी दुख को दोहराते हैं।
उसी अपमान को याद करते हैं।
और उसी विचार में जीते हैं।
लेकिन जीवन का सत्य यह है—
जो बदल नहीं सकता,
उसमें फँसकर खुद को खत्म मत करो।
अपने लिए एक नई दिशा बनाओ।
अपना लक्ष्य तय करो।
अपनी पहचान बनाओ।
क्योंकि जब इंसान की पहचान
सिर्फ रिश्तों से नहीं,
उसके आत्म-सम्मान से बनती है,
तो वह मजबूत हो जाता है।
और जब आप मजबूत होते हैं,
तो राजनीति आपके आसपास तो हो सकती है,
लेकिन आपके भीतर नहीं घुस पाती।
चौखट के भीतर शांति
तभी लौटती है
जब घर के लोग
जीत छोड़कर समझ चुनते हैं।
जब वे सामने बैठकर
एक-दूसरे को सुनते हैं।
और जब वे यह मान लेते हैं

कि परिवार का मतलब
एक-दूसरे को हराना नहीं,
एक-दूसरे को थामना है।
शांति कोई जादू नहीं है।
यह रोज़ का अभ्यास है।
और अगर हम चाहें,
तो चौखट के भीतर की जंग
धीरे-धीरे
चौखट के भीतर की समझ बन सकती है।
(अध्याय 9 समाप्त)

समापन

यह किताब किसी को दोष देने के लिए नहीं
लिखी गई।
यह उन घरों के लिए है
जहाँ लोग साथ रहते हैं,
लेकिन भीतर अकेले पड़ जाते हैं।
अगर इस किताब का एक भी पन्ना
किसी को अपने रिश्ते समझने में मदद करे,
किसी को अपनी सीमाएँ तय करने की हिम्मत
दे,
या किसी बच्चे को बेहतर माहौल मिले—
तो यह किताब अपना उद्देश्य पूरा कर लेगी।

लेखिका की ओर से

यह पुस्तक किसी एक घर की कहानी नहीं है।
यह उन असंख्य घरों की झलक है, जहाँ लोग साथ रहते हैं, पर कई बार एक-दूसरे को समझ नहीं पाते।
मैंने इस पुस्तक में किसी व्यक्ति को दोष देने की कोशिश नहीं की है।
मेरा उद्देश्य केवल यह समझना और समझाना है कि घर की राजनीति कैसे जन्म लेती है, कैसे बढ़ती है, और कैसे उसे रोका जा सकता है।
हर रिश्ता सम्मान चाहता है।
हर मन सुना जाना चाहता है।
और हर घर शांति का हकदार है।
अगर इस पुस्तक को पढ़ते समय आपको कहीं अपने घर की झलक दिखे, तो यह किसी को कटघरे में खड़ा करने के लिए नहीं है—
बल्कि यह अवसर है रुककर सोचने का, संवाद शुरू करने का, और रिश्तों को बेहतर बनाने का।
हम सब इंसान हैं।
हमसे गलतियाँ होती हैं।
लेकिन समझ, संवाद और सम्मान से बहुत कुछ सुधारा जा सकता है।
मेरी विनम्र आशा है कि यह पुस्तक
किसी एक दिल को भी हल्का कर सके,
किसी एक घर में भी संवाद शुरू कर सके,
तो इसका उद्देश्य पूरा हो जाएगा।

– निशा सांखला

एक सच्ची यात्रा

www.ingramcontent.com/pod-product-compliance
Lightning Source LLC
LaVergne TN
LVHW092053051026
849517LV00013B/2637
9798233004537